bola & tica

ENTRE MAJESTUOSAS MONTAÑAS Y RÍOS

que cantan, Bola, una marmota curiosa y algo torpe, despierta tras su largo invierno. En busca de algo más que frambuesas, conoce a Tica, una niña apasionada de la naturaleza y el dibujo que transforma su día en una gran aventura. Juntas, siguen a una mariposa juguetona que las guía a un rincón mágico, donde descubrirán que las mejores historias siempre comienzan con una gran amistad.

VALORES IMPLÍCITOS

La historia de *Bola y Tica* resalta el valor de la verdadera amistad y la importancia de respetar la naturaleza y de integrarnos en ella, ya que nos regala, entre otras cosas, infinita belleza. Bola y Tica nos invitan a vivir con ellas un sinfín de aventuras a través de las emociones.

EL PLANETA IMAGINARIO

bola & tica

© del texto: Mamá Lola
© de las ilustraciones: David Abos y Eva Janariz
© del diseño y corrección: Equipo BABIDI-BÚ

© de esta edición:
Editorial BABIDI-BÚ. 2025
Avda. San Francisco Javier, 9, 6ª, 23
Edificio Sevilla 2
41018 - SEVILLA
Tlfn: 912.665.684
info@babidibulibros.com
www.babidibulibros.com

Impreso en España
Primera edición: octubre, 2025

ISBN: 979-13-87821-36-4

A mi madre, por enseñarme que la perfección
está compuesta de cientos de imperfecciones.
A mi hija, por iluminar cada uno de mis días
con su inocente sabiduría.

Entre las montañas más preciosas del mundo, Bola, una marmota sabia y curiosa, despierta de su largo sueño de invierno. Se estira, bosteza y se asoma fuera de su madriguera.

—¡Qué bonito está todo! —exclama Bola observando los primeros rayos de sol iluminando el valle.

Las flores empiezan a brotar, los ríos murmuran y el aire está lleno de mariposas que bailan bajo el cielo azul.

Con hambre tras su largo descanso, Bola decide aventurarse y adentrarse en el bosque.

«Es hora de buscar algo delicioso para comer», se dice mientras olfatea el aire.

A su paso, los pájaros cantan en los árboles
y las ardillas corretean de rama en rama.

Mientras camina distraída, Bola tropieza
con una piedra y rueda cuesta abajo hasta
detenerse junto a un arbusto.

Desde detrás del arbusto, una voz alegre rompe el silencio.

—¿Estás bien? —pregunta una niña con una gran sonrisa.

—¡Sí! Creo que sí —responde Bola frotándose la cabeza.

—Me llamo Tica —dice la niña extendiendo su mano.

—Yo soy Bola. ¿Y tú qué haces aquí?

—Pues ahora ayudarte a levantar —dice entre risas Tica—. Estoy buscando mariposas —explica mientras saca de su mochila un cuaderno repleto de dibujos de ellas.

De repente, una mariposa pasa volando justo entre ellas.

—¡Mira esa! —dice Tica emocionada—. ¿Quieres seguirla conmigo?

Bola parpadea sorprendida, pero asiente.

—¡Claro! Aunque no prometo ser muy rápida...

Ambas comienzan a seguir a la mariposa, riendo mientras esquivan arbustos y saltan pequeñas piedras.

La mariposa las guía hasta un rincón escondido del bosque. Allí, el sol ilumina un pequeño campo lleno de flores de todos los colores.

—¡Es como un jardín secreto! —dice
Tica girando sobre sí misma para
admirar el lugar.

Bola se tumba en la hierba y respira
profundamente.

—Es precioso... Nunca había
estado aquí antes.

Tica se sienta junto a una flor
y saca su cuaderno.

—Es perfecto para dibujar. Cada
rincón de este bosque tiene algo
especial —dice mientras comienza a
trazar la silueta de la mariposa.

Bola observa los dibujos de Tica,
llenos de detalles y colores.

—¡Eres muy buena! —exclama
Bola—. Creo que nunca había
visto algo tan bonito como esto.

Tica sonríe y le pasa el cuaderno.

—Mira, Bola, este es mi cuaderno.
Nunca salgo de casa sin él.

»¡Tengo una idea, Bola! Voy a dibujarte a ti y, así, cuando vuelva con mis padres, les podré contar nuestra historia.

Bola se peina y se acicala para que Tica la saque muy guapa en su dibujo.

Ambas ríen mientras Tica dibuja.

Tica finaliza su retrato y el cielo comienza a teñirse
de tonos anaranjados, anunciando el final del día.

Las nuevas amigas deshacen el camino andado,
volviendo al lugar donde todo comenzó.

Justo en ese momento, una mariposa se posa sobre el arbusto, como si estuviera despidiéndose.

—Bola, tengo que volver a casa. Conocerte ha sido un regalo precioso. Espero que podamos volver a vernos pronto —dice Tica con una sonrisa cálida.

—¿Puedes volver mañana? —pregunta Bola emocionada—.
Te llevaré a conocer mi piscina secreta en el río.

—¡Oh! Sería una aventura maravillosa —responde Tica.

Bola se sube a una piedra para abrazar a su nueva amiga.

—Nos vemos mañana para nuestra próxima aventura —dicen
ambas mientras la mariposa vuela a su alrededor para, después,
desaparecer entre las flores.